Les mystères de
Notre-Dame de Paris

SCÉNARIO
Céka

DESSIN
François Duprat

COULEUR
Muge Qi

Faton
ÉDITIONS

À la mémoire de Franck, bien plus qu'un ami
tant nos deux familles ont toujours été si proches.

Céka

Merci à Erick et Muge pour cette nouvelle aventure,
et à Victor et Alexandre qui ont un petit talent pour faire une carrière d'écrivains !

François Duprat

À ma mère...
Merci à François, Erick, Laurence et Paul pour leur soutien.

Muge Qi

ÉDITIONS FATON

Direction
Jeanne Faton

Coordination éditoriale
Laurence Caillaud

Suivi de fabrication
Julie Gérard

Mise en page
Aurélie Quinet

Correction
Maryse Desgrange

Scénario
Céka

Dessin
François Duprat

Couleur
Muge Qi

Cet ouvrage a été imprimé et relié au cours du 4e trimestre 2024 par Polygraf Print s r.o.

ISBN 978-2-37635-048-4
Dépôt légal : octobre 2024
Loi n° 49-956 du 16 juillet 1949 sur les publications destinées à la jeunesse.

25 rue Berbisey – 21000 Dijon
Tél. 03 80 40 41 21
www.faton.fr – infos@faton.fr

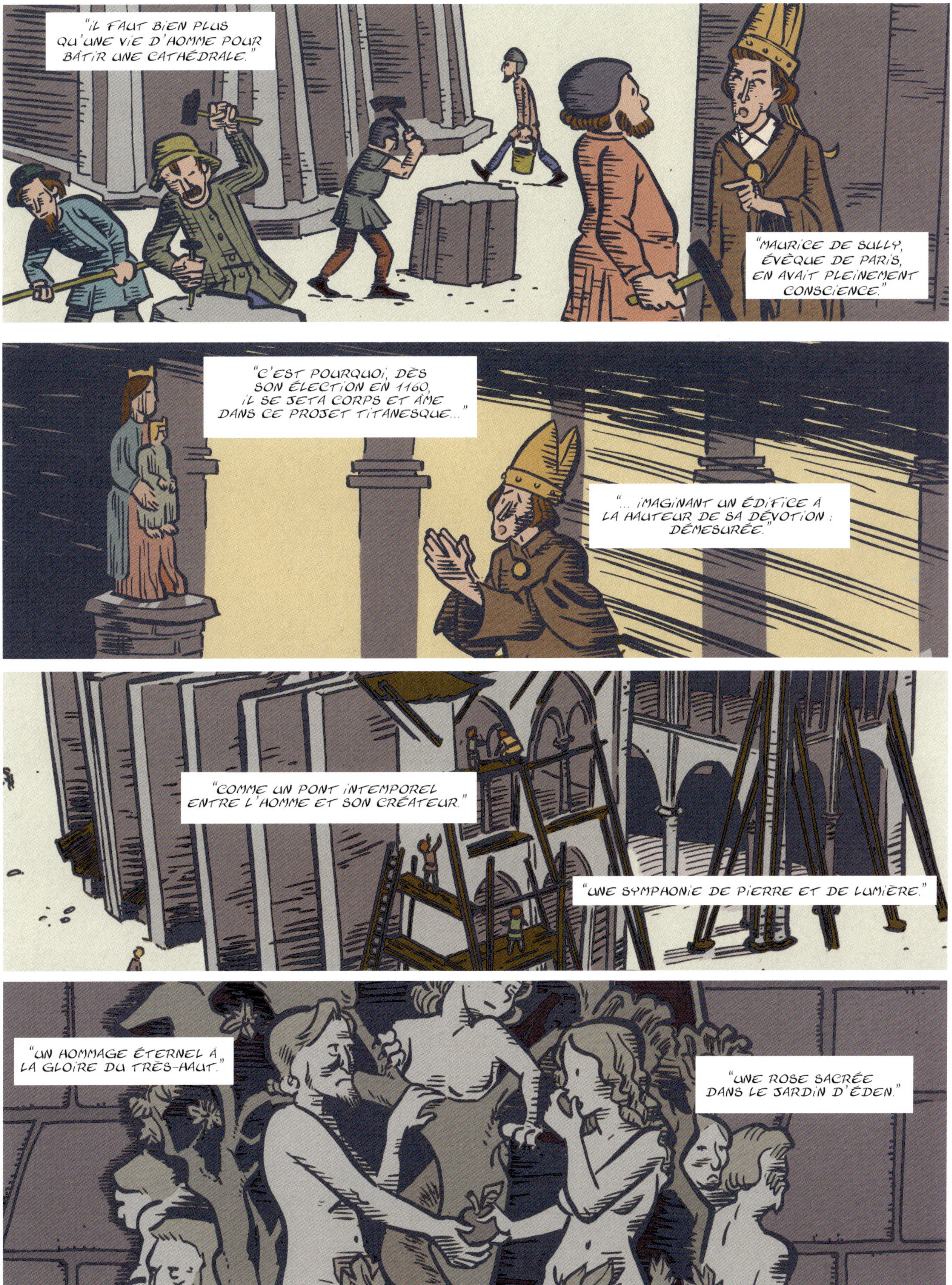
"IL FAUT BIEN PLUS QU'UNE VIE D'HOMME POUR BÂTIR UNE CATHÉDRALE."
"MAURICE DE SULLY, ÉVÊQUE DE PARIS, EN AVAIT PLEINEMENT CONSCIENCE."
"C'EST POURQUOI, DÈS SON ÉLECTION EN 1160, IL SE JETA CORPS ET ÂME DANS CE PROJET TITANESQUE..."
"... IMAGINANT UN ÉDIFICE À LA HAUTEUR DE SA DÉVOTION : DÉMESURÉE."
"COMME UN PONT INTEMPOREL ENTRE L'HOMME ET SON CRÉATEUR."
"UNE SYMPHONIE DE PIERRE ET DE LUMIÈRE."
"UN HOMMAGE ÉTERNEL À LA GLOIRE DU TRÈS-HAUT."
"UNE ROSE SACRÉE DANS LE JARDIN D'ÉDEN."

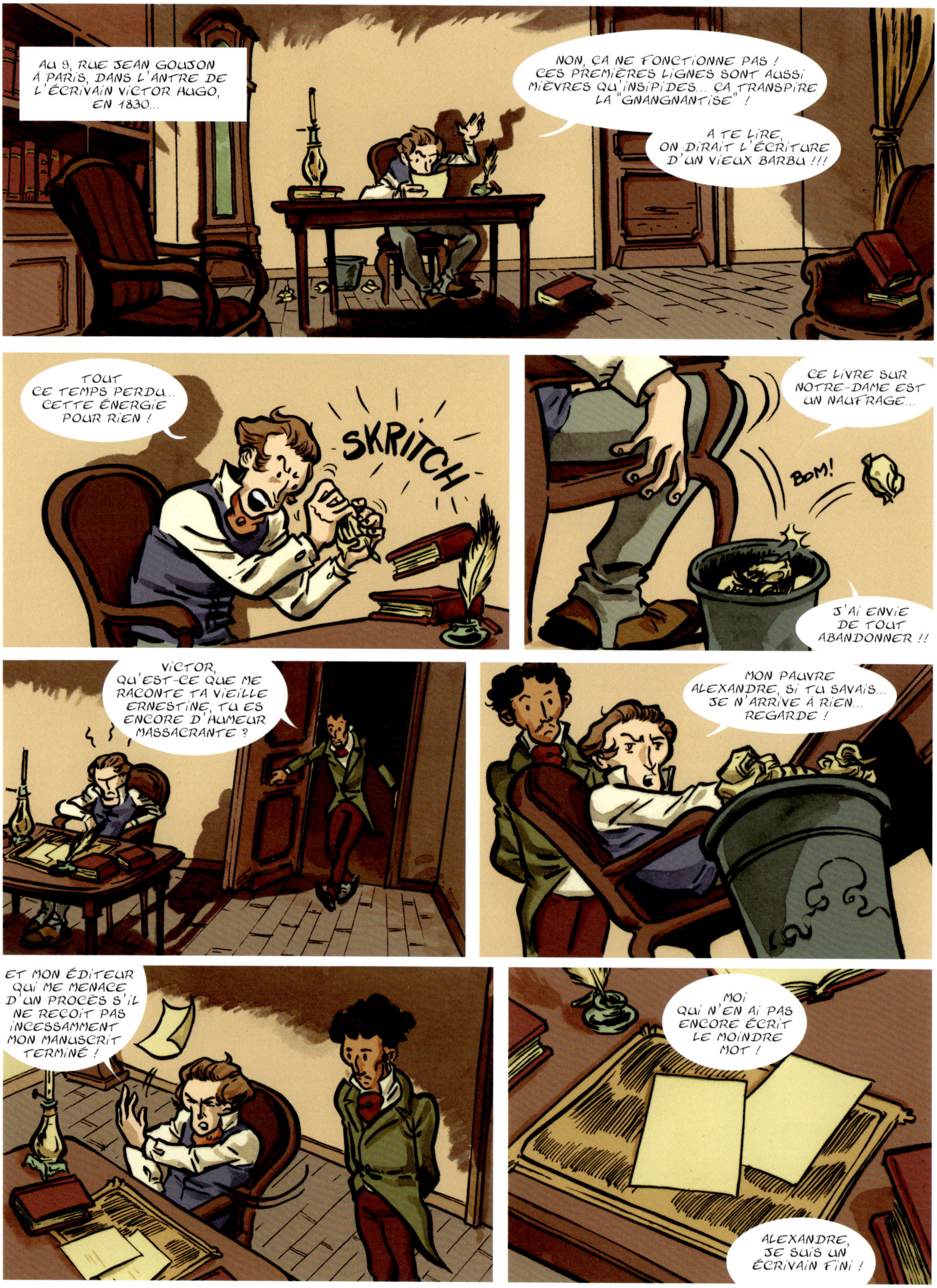
AU 9, RUE JEAN GOUJON À PARIS, DANS L'ANTRE DE L'ÉCRIVAIN VICTOR HUGO, EN 1830...
NON, ÇA NE FONCTIONNE PAS ! CES PREMIÈRES LIGNES SONT AUSSI MIÈVRES QU'INSIPIDES... ÇA TRANSPIRE LA "GNANGNANTISE" !
À TE LIRE, ON DIRAIT L'ÉCRITURE D'UN VIEUX BARBU !!!
TOUT CE TEMPS PERDU... CETTE ÉNERGIE POUR RIEN !
SKRITCH
CE LIVRE SUR NOTRE-DAME EST UN NAUFRAGE...
BOM!
J'AI ENVIE DE TOUT ABANDONNER !!
VICTOR, QU'EST-CE QUE ME RACONTE TA VIEILLE ERNESTINE, TU ES ENCORE D'HUMEUR MASSACRANTE ?
MON PAUVRE ALEXANDRE, SI TU SAVAIS... JE N'ARRIVE À RIEN... REGARDE !
ET MON ÉDITEUR QUI ME MENACE D'UN PROCÈS S'IL NE REÇOIT PAS INCESSAMMENT MON MANUSCRIT TERMINÉ !
MOI QUI N'EN AI PAS ENCORE ÉCRIT LE MOINDRE MOT !
ALEXANDRE, JE SUIS UN ÉCRIVAIN FINI !

MAIS ARRÊTE DE TE PLAINDRE, ON DIRAIT UN VIEUX SCRIBOUILLARD AIGRI.
COMMENÇONS DÉJÀ PAR AÉRER CE BUREAU, ÇA SENT LE RANCE.
ET ENCORE, JE SUIS POLI...
COMMENT VEUX-TU QUE LA MOINDRE IDÉE ÉMERGE DE CE CLOAQUE ?
MÊME MOI, ALEXANDRE DUMAS*, MALGRÉ TOUT MON GÉNIE, JE N'Y ARRIVERAIS PAS.
*ALEXANDRE DUMAS PÈRE, ÉCRIVAIN
ET REGARDEZ-MOI CE FATRAS !
EST-CE À L'IMAGE DE TON CERVEAU, MON PAUVRE VICTOR ?!
QUEL COMPORTEMENT INFANTILE ! IL EST TEMPS QUE JE TE REPRENNE EN MAIN...
ERNESTINE, APPORTEZ-NOUS CÉANS LES AFFAIRES DE MONSIEUR.
À 3H DU MATIN, EST-CE BIEN RAISONNABLE ?!

MAIS OÙ M'EMMÈNES-TU, ALEXANDRE ?
TU ÉCRIS BIEN UN ROMAN SUR NOTRE-DAME, N'EST-CE PAS ?
ALORS, IL SERAIT PEUT-ÊTRE TEMPS DE SORTIR DE TES LIVRES...
...ET DE RENDRE PLUS SOUVENT VISITE À TON PERSONNAGE PRINCIPAL : LA CATHÉDRALE ELLE-MÊME !!
L'IMMERSION, RIEN DE MIEUX POUR VIVIFIER TON IMAGINATION !
?!
"HERNANI"* T'A CERTES APPORTÉ LA GLOIRE...
...MAIS "NOTRE-DAME" SERA TA DESCENTE AUX ENFERS SI TU N'ÉCOUTES PAS TON AMI !!
*PIÈCE DE THÉÂTRE EN VERS D'HUGO
MAIS... ON NE VA PAS AU-DEVANT DE PROBLÈMES ?! LE QUARTIER DE NOTRE-DAME EST PLUTÔT MALFAMÉ LA NUIT...
EH BIEN, TANT MIEUX, VICTOR, C'EST DE CETTE TENSION QUE NAÎTRA TON HISTOIRE !

ALORS, MON CHER VICTOR, RAPPELLE-MOI POURQUOI TU AS CHOISI CE SUJET ? QUELLE IDÉE SAUGRENUE DE FAIRE D'UN ÉDIFICE TON PERSONNAGE PRINCIPAL, JE TE RECONNAIS BIEN LÀ...
COMMENT ÇA, ALEXANDRE, TU NE COMPRENDS DONC PAS ?!
IL EST, À COUP SÛR, PEU DE PLUS BELLES PAGES ARCHITECTURALES QUE CETTE FAÇADE...
ADMIRE, CONTEMPLE, PROSTERNE-TOI !
MAIS, AUJOURD'HUI, NOTRE-DAME EST DÉSERTE, INANIMÉE, MORTE.
CE CORPS IMMENSE EST VIDE.
C'EST UN SQUELETTE.
L'ESPRIT L'A DÉSESPÉRÉMENT QUITTÉ !
VOYONS, POURQUOI TU DIS ÇA ?
AINSI, JE LA TROUVE ROMANTIQUE À SOUHAIT, MOI !
ALORS SUIS-MOI À L'INTÉRIEUR QUE JE T'OUVRE LES YEUX...

REGARDE ! SI BELLE SOIT-ELLE ENCORE, IL EST DIFFICILE DE NE PAS S'INDIGNER DEVANT CES DÉGRADATIONS.
QUE DIS-JE ! DEVANT CES MUTILATIONS SANS NOMBRE QUE LE TEMPS ET LES HOMMES LUI ONT FAIT SUBIR.
À CÔTÉ D'UNE RIDE...
... ON TROUVE TOUJOURS UNE CICATRICE !
POURTANT, CHAQUE DÉTAIL DE CETTE MERVEILLE EST UNE PAGE NON SEULEMENT DE L'HISTOIRE DU PAYS...
..MAIS ENCORE DE L'HISTOIRE DE LA SCIENCE ET DE L'ART !
ALORS, OUI, JE VEUX QUE MON ROMAN SOIT UN PLAIDOYER POUR LA PRÉSERVATION DU PATRIMOINE NATIONAL.
CELUI QUI NOUS DÉPASSE, NOUS SIMPLES HUMAINS !
EH BIEN, SI TA SEULE PLUME ARRIVE À SAUVER CE MONUMENT DE PIERRE, LÀ, CHAPEAU BAS, L'ARTISTE !

BON, SI NOBLE SOIT TA CAUSE, MON CHER VICTOR, IL VA FALLOIR QUE TU NOUS TROUVES UNE HISTOIRE À LA HAUTEUR.
QUAND ON S'ATTAQUE À UN MONUMENT, IL FAUT EN PRODUIRE UN SOI-MÊME !
IL TE FAUT UNE INTRIGUE CAPTIVANTE... DU SUSPENSE...
DES REBONDISSEMENTS... DES COUPS DE THÉÂTRE ...
DES PERSONNAGES PALPITANTS... ATTACHANTS...
ET SURTOUT DE VRAIS MÉCHANTS, LES LECTEURS ADORENT !!
ALORS, DIS-MOI, OÙ EN ES-TU ? AS-TU AVANCÉ UN PEU QUAND MÊME ?
MOI ? SI J'AI AVANCÉ ?
POURQUOI CROIS-TU QUE JE FAIS DES NUITS BLANCHES ?
PARCE QUE MES PAGES LE SONT TOUT AUTANT !

ÇA FAIT DES MOIS ET DES MOIS QUE JE PATAUGE...
QUE J'AVANCE EN RECULANT !
JE NE SAIS MÊME PAS ENCORE À QUELLE ÉPOQUE SITUER MON HISTOIRE...
NI MÊME QUI DOIT EN ÊTRE MON HÉROS ...
CE N'EST PLUS UN ROMAN, C'EST UNE TRAGÉDIE !
HÉ, REGARDE LA FORME LÀ-HAUT SUR LA CATHÉDRALE !!
?
ON DIRAIT UNE CRÉATURE QUI ESCALADE LA FAÇADE !!
PARDIEU, TU AS RAISON !!
ALORS, LES BOURGEOIS, QU'EST-CE QUE VOUS FAITES PERDUS PAR-LÀ ? VOUS CHERCHEZ DES SENSATIONS FORTES ?
EH BIEN, ON VA VOUS EN DONNER, NOUS !!

MAIS... QUE VOULEZ-VOUS ? QUI ÊTES-VOUS ?!
MESSEIGNEURS, JE ME PRÉSENTE, CLOPIN TROUILLEFOU.
QUE NOUS VAUT L'HONNEUR DE VOTRE VISITE ?
IL SE TROUVE QUE JE M'INTÉRESSE DE PRÈS À LA CATHÉDRALE NOTRE-DAME POUR MON PROCHAIN ROMAN...
?!
?!?
SAVIEZ-VOUS QU'IL A FALLU PRÈS DE DEUX SIÈCLES POUR LA BÂTIR ? CE QUI EXPLIQUE QUE SON ARCHITECTURE SOIT SI HÉTÉROGÈNE...
REGARDEZ BIEN, ON Y VOIT TOUTES LES TENDANCES DU GOTHIQUE.
DU PRIMITIF AU RAYONNANT !
SAVIEZ-VOUS AUSSI QUE LA TOTALITÉ DE SA CHARPENTE REPRÉSENTE L'ÉQUIVALENT D'UNE FORÊT DE CHÊNES DE 21 HECTARES ?
!!
?!
ON VOUS DOIT COMBIEN POUR LA VISITE GUIDÉE ?
RIEN DU TOUT, LE PLAISIR ÉTAIT POUR MOI...
NON, JE PLAISANTE...
LA BOURSE..
... OU LA VIE !

QU'EST-CE QUE TU CHERCHAIS AVEC TON BLABLA ? À LES ÉNERVER ?! EH BIEN, JE CROIS QUE C'EST RÉUSSI !!
PAR LES ONGLES DU DIABLE, RATTRAPEZ-MOI CES DEUX ZIGOTOS... ON VA LES ESSORER !!
LA BONNE NOUVELLE, VICTOR, CAR IL Y EN A UNE...
C'EST QUE, ÇA Y EST, TU COMMENCES À AVOIR DE LA MATIÈRE INTÉRESSANTE POUR TON ROMAN...
AVEC DE VRAIS MÉCHANTS, BIEN TYPÉS...
ET NOUS DANS LE RÔLE DES TRUCIDÉS, C'EST ÇA ?!
SANS L'AIDE DE DIEU, ON EST MORT ! J'AI UNE CONDITION PHYSIQUE D'ÉCRIVAIN...
AUTANT DIRE EXÉCRABLE !!
HÉ, MESSEIGNEURS !
VENEZ VITE PAR-LÀ !!
?!
!!

PARDIEU, C'EST SÛR, CES MARAUDS SONT ENTRÉS PAR ICI !!!
ON... ON VA LES SUIVRE, CHEF ?!
TU PLAISANTES ?! ON EST TOMBÉS BIEN BAS, MAIS PAS À CE POINT... JE LAISSE LES ÉGOUTS AUX RATS ET AUX ORDURES !
C'EST SANS DOUTE CE SALE GAMIN QUI LES A ENTRAÎNÉS LÀ-DEDANS...
IL NOUS A PIQUÉ NOTRE PITANCE, LE BOUGRE !
TANT PIS, ON S'EN VA !
MERCI DE NOUS AVOIR SAUVÉS, GAMIN... QUEL EST TON NOM ?
GAVROCHE, MESSEIGNEURS, POUR VOUS SERVIR !
TIENS, VOILÀ UNE PIÈCE POUR TE REMERCIER DE TON AIDE !
UNE PIÉCETTE, VOUS VOULEZ RIRE ?! JE VEUX PLUS...
SINON, JE VOUS LAISSE VOUS DÉBROUILLER DANS CE DÉDALE D'ÉGOUTS...
OU AVEC LES BRIGANDS QUI DOIVENT VOUS ATTENDRE !

DIS-MOI, GAVROCHE, J'AI PEUT-ÊTRE UNE AUTRE IDÉE...
ON A APERÇU UNE DRÔLE DE CHOSE ESCALADER LA FAÇADE DE NOTRE-DAME, SAIS-TU CE QUE C'EST ?
PERSONNE NE LE SAIT, MONSEIGNEUR !
PERSONNE NE L'A JAMAIS VU DE PRÈS...
ET PUIS, FAUT DIRE, TOUT LE MONDE EN A PEUR...
MAIS C'EST QUOI ? UN HOMME ? UN ANIMAL ? UN MONSTRE ?!
UNE CRÉATURE DE L'ENFER, POUR SÛR !!
COMME CES GARGOUILLES ACCROCHÉES AUX ÉGLISES !!
EH BIEN, JE TE PROPOSE UN MARCHÉ, GAVROCHE...
SI TU NOUS AIDES À DÉCOUVRIR QUI IL EST, JE TE PROPOSE UNE PIÈCE EN OR COMME CELLE-CI, À CHACUNE DE NOS VISITES !
TOPE-LÀ, MESSEIGNEURS !

*D'APRÈS LA FABLE DU "CASSEUR DE PIERRES"

ALORS, VICTOR ? BIEN DORMI APRÈS NOS AVENTURES NOCTURNES ?
TU PARLES, JE N'AI PAS CESSÉ DE TRAVAILLER...
J'AI PASSÉ MA NUIT AVEC UN MOINE ET SON APPRENTI... JE LES IMAGINAIS SUIVRE LA CONSTRUCTION DE NOTRE-DAME...
MAIS JE VIENS DE TOUT RELIRE, C'EST AFFLIGEANT. ÇA EMPESTE LA RAISON ET LA MORALE !
FRANCHEMENT, TU ME VOIS ÉCRIRE UN ROMAN PUREMENT HISTORIQUE ?
ET PUIS... TU IMAGINES LA DOCUMENTATION À INGURGITER POUR M'IMPRÉGNER DU DUR MÉTIER DES BÂTISSEURS DE CATHÉDRALE, MOI QUI N'AI JAMAIS VU UN BURIN DE MA VIE !
JE LAISSE ÇA AUX RATS DE BIBLIOTHÈQUES...
NON, MOI, CE QUE JE VEUX, C'EST DU SOUFFLE, DES SENTIMENTS, DU DRAME...
?
SKKRRR !!
DU ROMANTISME, QUOI !!

RETOUR AU POINT DE DÉPART ALORS ? ENCORE ?
OUI, MALHEUREUSEMENT...
PLUS J'Y PENSE, PLUS JE SUIS CONVAINCU QU'IL FAUT QUE JE TROUVE UNE HISTOIRE AUTOUR DE LA CATHÉDRALE ET NON SUR LA CATHÉDRALE !
SINON, JE VAIS METTRE DES SIÈCLES À LE PONDRE, CE ROMAN...
TOI QUI DEVRAIS DÉJÀ L'AVOIR TERMINÉ !
ERNESTINE, PRÉPAREZ-MOI IMMÉDIATEMENT UN REPAS GARGANTUESQUE.
ET METTEZ TOUT ÇA DANS UN PANIER !
?!?
VOUS COMMENCEZ PAR SORTIR EN PLEINE NUIT... MAINTENANT, VOUS VOULEZ MANGER DEHORS...
C'EST QUOI CES NOUVELLES LUBIES, MONSIEUR HUGO ? VOUS M'INQUIÉTEZ DE PLUS EN PLUS...
JE VOUS PRÉFÉRAIS TRAVAILLANT JOUR ET NUIT DANS VOTRE BUREAU, VOUS ÉTIEZ PLUS PRÉVISIBLE...
VIVEMENT QUE MADAME ET LES ENFANTS REVIENNENT POUR QUE NOTRE VIE REPRENNE UN SEMBLANT DE NORMALITÉ !

DIS-MOI CE QUE TU MANIGANCES, VICTOR... POURQUOI CE PANIER DE PROVISIONS ?
C'EST POURTANT SIMPLE, ALEXANDRE... QUAND TU PARS À LA PÊCHE, TU PRENDS BIEN DES HAMEÇONS, NON ?
JUSQUE-LÀ, JE TE SUIS...
EH BIEN, MON HAMEÇON, LE VOICI !
ET TON POISSON, IL EST OÙ ?
EH BIEN, À LA CATHÉDRALE, VOYONS ! C'EST NOTRE CRÉATURE.
CE REPAS, C'EST POUR LE FAIRE SORTIR DE SA TANIÈRE...
J'AIMERAIS TELLEMENT LE VOIR DE PRÈS... VOIR À QUOI IL RESSEMBLE !
EN ESPÉRANT QUE L'ON RETROUVE NOTRE GAMIN POUR NOUS ÉVITER DE MAUVAISES RENCONTRES COMME LA NUIT DERNIÈRE...
ME VOICI, MONSEIGNEUR, À VOTRE SERVICE !
J'AIMERAIS QUE TU NOUS EMMÈNES DANS TOUS LES RECOINS DE LA CATHÉDRALE, GAVROCHE, TU POURRAIS ?
SI VOUS N'AVEZ PAS OUBLIÉ MA PIÈCE EN OR, JE VOUS EN OUVRIRAI TOUTES LES PORTES...

ADMIREZ CETTE MERVEILLE... CE N'EST PAS UN MONUMENT, C'EST UN VOYAGE DANS LE TEMPS !
SAVEZ-VOUS, PAR EXEMPLE, QUE CES CALCAIRES TRUFFÉS DE COQUILLES SONT LE TÉMOIGNAGE DE L'ORIGINE ANTÉDILUVIENNE DE CES PIERRES ?
QUE SE TROUVE DANS CETTE CATHÉDRALE LA COURONNE D'ÉPINES DU CHRIST, RAPPORTÉE PAR SAINT LOUIS LUI-MÊME !
QUE SA PLUS GROSSE CLOCHE, EMMANUEL, EST LA SEULE SURVIVANTE DE LA RÉVOLUTION FRANÇAISE ? LES AUTRES AYANT ÉTÉ FONDUES EN BOULETS DE CANON !
QUE C'EST ICI QU'ON ENTERRAIT TOUS LES ROIS DE FRANCE ?
MAIS LA CATHÉDRALE DU SACRE, C'EST REIMS !
DITES DONC, VOUS ÊTES LÀ POUR RAMENER VOTRE SCIENCE OU POUR CHERCHER LA CRÉATURE ?!
ALORS, SUIVEZ LE GUIDE !!

DE TEMPS EN TEMPS, ON L'APERÇOIT PAR LÀ...
JE LE COMPRENDS, ON DOMINE TOUT PARIS D'ICI.
JE PRÉFÈRE ADMIRER CETTE ENFILADE D'ARCS-BOUTANTS, UNE DES GRANDES RÉVOLUTIONS DU GOTHIQUE PAR RAPPORT À L'ARCHITECTURE ROMANE.
QUELLE PROUESSE...
SANS PARLER DES VOÛTES SUR CROISÉE D'OGIVE...
...OU DES ARCS BRISÉS COMME EN HAUT DE CE VITRAIL.
C'EST AINSI QUE L'ON A PU CONSTRUIRE PLUS HAUT, PLUS GRAND...
ET SURTOUT, FAIRE ENFIN ENTRER LA LUMIÈRE !
ET SAVAIS-TU QUE LE GOTHIQUE EST UN STYLE D'ORIGINE FRANÇAISE ?
ET NOTRE-DAME SON PLUS BEAU FLEURON ?
LA SUITE DE LA VISITE, C'EST PAR LÀ !

ET ESSAYEZ DE VOUS CONCENTRER MAINTENANT, NOUS ALLONS ARRIVER AU-DESSUS DES VOÛTES !
SANS DOUTE DANS SON ANTRE !!
?!
?!
MON DIEU, CETTE OBSCURITÉ FANTOMATIQUE ...
CE VIDE DE CHAQUE CÔTÉ...
LE MONSTRE QUI RÔDE... JE NE SUIS PAS RASSURÉ
SI NOUS FAISIONS DEMI-TOUR ?
EH BIEN, SI TON PAUVRE PÈRE, GÉNÉRAL D'EMPIRE, ENTENDAIT ÇA, QUE DIRAIT-IL DE SON FILS ?
VICTOR, JE SUIS SÛR QUE LA BÊTE NOUS OBSERVE... QU'ELLE NOUS ATTEND, TAPIE DANS L'OMBRE...
SI ELLE TRUCIDAIT LES VISITEURS QUI OSENT S'AVENTURER JUSQU'ICI ?!
REGARDEZ LA PORTE LÀ-BAS !
ON DIRAIT QU'ELLE S'EST ENTROUVERTE !!
VOUS NE TROUVEZ PAS ÇA BIZARRE ?
SI C'ÉTAIT UN PIÈGE ?!

?!
?!
!!
IL VIENT JUSTE DE PARTIR, LA PAILLASSE EST ENCORE CHAUDE...
WAOUH, TU AS VU LA TAILLE DU LIT ?!
BIZARRE CETTE INSCRIPTION, SUR LE MUR ?
ON DIRAIT DU GREC.
Ananke
VENEZ VOIR, ÇA SE CONFIRME !!
NOTRE CRÉATURE EST... EST...
UN GÉANT !!!
ON VA LUI LAISSER LE PANIER GARNI POUR LUI MONTRER QUE NOUS VENONS EN AMIS...
PEUT-ÊTRE SE LAISSERA-T-IL APPROCHER LA PROCHAINE FOIS ?
TU... TU Y TIENS VRAIMENT, VICTOR ?!

"ANANKÈ"... QUE VEUT DIRE CE GRAFFITI QUE J'AI VU À LA CATHÉDRALE ? JE SUIS SÛR D'AVOIR DÉJÀ VU CE MOT TIRÉ DU GREC ANCIEN QUELQUE PART...
MAIS OUI, VOILÀ, ÇA VEUT DIRE "FATALITÉ" !!
IL EUT ÉTÉ PLUS SIMPLE D'ÉCRIRE "FATUM", TOUT LE MONDE N'EST PAS OBLIGÉ DE SAVOIR LE GREC.
ET MÊME "FATALITÉ", PERSONNE N'EST OBLIGÉ DE SAVOIR LE LATIN NON PLUS !
À TON AVIS, QUI A PU GRAVER CE MOT ? ET EST-CE RÉCENT OU NON ?
OUI, JE ME POSAIS LES MÊMES QUESTIONS...
ET SI C'ÉTAIT NOTRE CRÉATURE QUI ÉTAIT DERRIÈRE TOUT ÇA ?

MAIS ALORS... POURQUOI AVOIR ÉCRIT CE MOT EN PARTICULIER ?
QUE VEUT NOUS DIRE SON AUTEUR ?
J'Y VOIS UN SENS LUGUBRE, TRAGIQUE, INÉLUCTABLE...
UNE DESTINÉE HUMAINE CONTRARIÉE PAR DES FORCES ENNEMIES !
TU PENSES À QUOI, VICTOR ?
JUSTEMENT, JE NE SAIS PAS...
ET JE SAIS DÉJÀ CE QUE TU VAS ME DIRE...
QUE TA RÉPONSE SE TROUVE LÀ-BAS ?
TOUT À FAIT, ALEXANDRE, NOUS DEVONS Y RETOURNER...
CETTE NUIT MÊME !
CETTE CRÉATURE EST LA CLEF DE L'ÉNIGME...
ET DE MON PROCHAIN ROMAN !

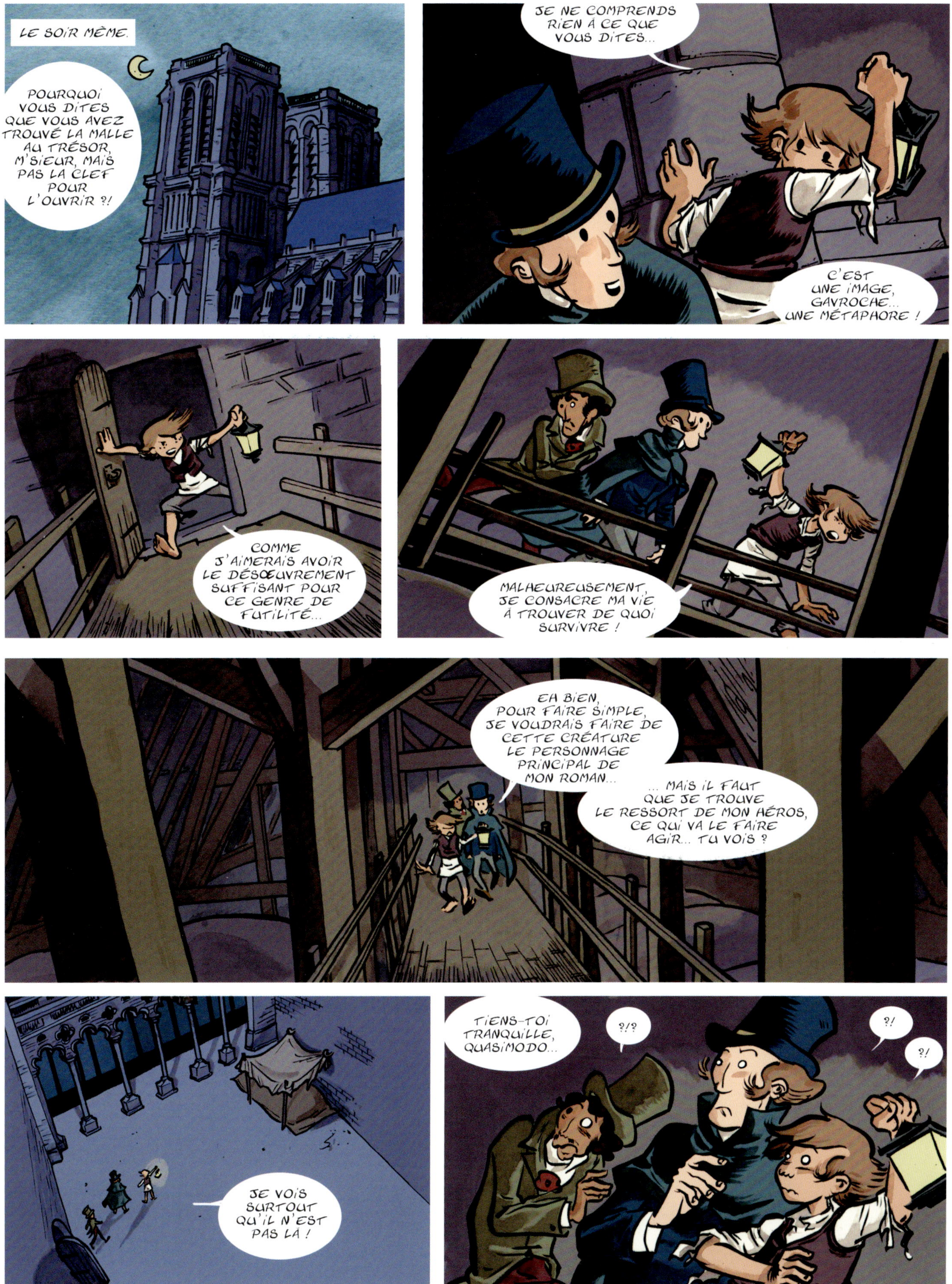
LE SOIR MÊME.
POURQUOI VOUS DITES QUE VOUS AVEZ TROUVÉ LA MALLE AU TRÉSOR, M'SIEUR, MAIS PAS LA CLEF POUR L'OUVRIR ?!
JE NE COMPRENDS RIEN À CE QUE VOUS DITES...
C'EST UNE IMAGE, GAVROCHE... UNE MÉTAPHORE !
COMME J'AIMERAIS AVOIR LE DÉSŒUVREMENT SUFFISANT POUR CE GENRE DE FUTILITÉ...
MALHEUREUSEMENT, JE CONSACRE MA VIE À TROUVER DE QUOI SURVIVRE !
EH BIEN, POUR FAIRE SIMPLE, JE VOUDRAIS FAIRE DE CETTE CRÉATURE LE PERSONNAGE PRINCIPAL DE MON ROMAN...
... MAIS IL FAUT QUE JE TROUVE LE RESSORT DE MON HÉROS, CE QUI VA LE FAIRE AGIR... TU VOIS ?
JE VOIS SURTOUT QU'IL N'EST PAS LÀ !
TIENS-TOI TRANQUILLE, QUASIMODO...
?!?
?!
?!

ARRÊTE DE BOUGER !!
SUIVEZ-MOI, JE SAIS D'OÙ ÇA PEUT VENIR !!
TU AS ENTENDU... IL S'APPELLE QUASIMODO. QUEL DRÔLE DE NOM !
OUI, ET J'AI HÂTE DE DÉCOUVRIR LA PERSONNE QUI LUI PARLE !
NON, MAÎTRE, NONNNN !
PAS ENCORE ! MOI PAS VOULOIR !!
NON, QUASIMODO, NE FAIS PAS ÇA !!
NE PARS PAS, JE T'EN SUPPLIE !!!

?!
!?
!?!
REVIENS, QUASIMODO ! REVIENS !!
VOUS AVEZ VU LA TAILLE DE CE COLOSSE ?!
OUI, ET MAINTENANT ON SAIT QU'IL S'APPELLE QUASIMODO...
JE SUIS SURTOUT CURIEUX DE SAVOIR CE QU'ILS FAISAIENT À L'INTÉRIEUR...
C'EST QUOI TOUT ÇA ?!
POUAH, QUELLE PUANTEUR, C'EST ENCORE PIRE QUE DANS LES ÉGOUTS !
TU AS VU ÇA ? NOTRE ARCHIDIACRE SE LIVRE À L'ALCHIMIE...
OUI, ÉTRANGE POUR UN HOMME D'ÉGLISE !
DIEU SAIT QUEL ÉLIXIR IL VOULAIT FAIRE BOIRE À CE PAUVRE QUASIMODO...

AU MOYEN ÂGE, CE GENRE DE PRATIQUE LUI AURAIT VALU LE BÛCHER !
ON BRÛLAIT LES SORCIÈRES POUR MOINS QUE ÇA !
AH OUI, J'ADORE CETTE IDÉE, ALEXANDRE !!
SI MON HISTOIRE SE PASSAIT AU MOYEN ÂGE, ÇA APPORTERAIT UNE DOSE DE FANTASTIQUE ET DE MYSTÈRE...
BON, IL ME MANQUE UN PERSONNAGE FÉMININ, QUAND MÊME...
ÇA LUI ARRIVE SOUVENT DE DÉLIRER COMME ÇA, VOTRE AMI ?
OUI, C'EST MÊME LE PROPRE DE SON MÉTIER !
BON, IL FAUT RETROUVER QUASIMODO MAINTENANT.
JE VEUX SAVOIR OÙ IL VA...
REGARDEZ, IL EST LÀ-BAS !
SUIVONS-LE !

VOUS ÊTES VRAIMENT SÛRS DE VOULOIR CONTINUER PAR-LÀ ?
CES RUES SONT DE VÉRITABLES COUPE-GORGE, SURTOUT POUR DES BOURGEOIS COMME VOUS !
JE SUIS D'ACCORD AVEC GAVROCHE, ON DEVRAIT FAIRE DEMI-TOUR...
VEUX-TU QUE JE TE RAPPELLE COMMENT ÇA S'EST TERMINÉ LA DERNIÈRE FOIS, VICTOR ?
TU PENSES À LA BANDE DE CLOPIN TROUILLEFOU ?
PAS D'INQUIÉTUDE, PARIS EST GRAND...
LA PROBABILITÉ DE RETOMBER SUR EUX EST PROCHE DE ZÉRO !
VOUS DISIEZ, MESSEIGNEURS ?

ALORS, LES RUPINS*, DE NOUVEAU EN BALADE ?
VOYONS, MESSIEURS, LIBÉREZ-NOUS, VOUS NOUS AVEZ DÉJA TOUT PRIS !
*LES RICHES
SUR VOUS, OUI... MAIS PAS ENCORE CHEZ VOUS !
PAR LES ONGLES DU DIABLE, VOUS ALLEZ NOUS Y MENER !
LAISSE-LES TRANQUILLE, CLOPIN.
TU AS EU LEUR BOURSE, ÇA NE TE SUFFIT PAS ?
FEMME, TAIS-TOI OU SINON...
... OU SINON, CLOPIN ?

ALLONS, GENTLEMAN, VOUS N'ALLEZ TOUT DE MÊME PAS VOUS EN PRENDRE À UNE FEMME ?
OUVREZ CETTE CAGE SI VOUS L'OSEZ...
ET JE VOUS DÉFIE À LA BOXE ANGLAISE !
TU ES SÛR, ALEXANDRE ? TU ES TAILLÉ COMME UN ÉCRIVAIN...
TAISEZ-VOUS, VOUS !
CE N'EST PAS PARCE QUE JE SUIS UNE FEMME QUE JE NE PEUX PAS ME DÉFENDRE MOI-MÊME !
D'AILLEURS, CE CLOPIN, JE LUI AI DÉJÀ MIS LA RACLÉE !
POC
MAIS PAS DU TOUT... C'EST FAUX !!
SEULE LA MORT POURRAIT ME METTRE À TERRE !!
VOUS BILEZ PAS, PATRON... ON SAIT QUE C'EST VOUS LE PLUS FORT !
ET LE PLUS INTELLIGENT !

SI VOTRE CHEF ÉTAIT AUSSI BRILLANT, EN SERIEZ-VOUS ENCORE À FAIRE LES POCHES DES BOURGEOIS ?
ET À VOUS DEMANDER CHAQUE JOUR COMMENT REMPLIR VOTRE ASSIETTE ?
SI VOUS VOULEZ SORTIR DU CANIVEAU, RÉVOLTEZ-VOUS PLUTÔT CONTRE CHARLES X QUI NOUS MAINTIENT TOUS DANS LA MISÈRE !!
MAIS NE VOUS EN PRENEZ PAS À EUX, ILS N'Y SONT POUR RIEN !
ON ACQUIESCE !
ALLEZ, ÇA SUFFIT CETTE MASCARADE !
METTEZ-LÀ AVEC LES AUTRES !!
NONNN !!!
VOUS PAS TOUCHER À ESMERALDA !!

*ÉCRIVAIN ÉCOSSAIS DE ROMANS HISTORIQUES

QUELQUE CHOSE QUI PARLE DE NOTRE ÉPOQUE, PEUT-ÊTRE ?
MOI, CE QUI M'A TOUCHÉ, C'EST CE QUE GAVROCHE A DIT SUR NOTRE SOCIÉTÉ...
OUI, CE GAMIN EST D'UNE RARE LUCIDITÉ.
SI SEULEMENT LA RÉVOLUTION DONT IL PARLE POUVAIT AVOIR LIEU !
QUE L'ON SE DÉBARRASSE DE CE CHARLES X QUI RÉINSTALLE PEU À PEU UNE MONARCHIE PURE ET DURE !
CLOC
CLOC
CLOC
CLOC
CLOC
HÉ, TU ENTENDS CES BRUITS DE BOTTES DEHORS ? C'EST QUOI ?!
CLOC
L'ARMÉE PREND POSITION DANS PARIS, ON DIRAIT. LE ROI CRAINT-IL UNE RÉVOLTE POPULAIRE ?
SI SEULEMENT CE QUE GAVROCHE APPELAIT DE SES VOEUX ARRIVAIT ENFIN...
CLOC
CLOC
CLOC
CLOC
CLOC

*D'APRÈS VICTOR HUGO

*D'APRÈS VICTOR HUGO

HÉ, REGARDE LÀ-BAS SUR LES BARRICADES !!
QU'EST-CE QUE VOUS FAITES LÀ ?!
CAMARADES SOLDATS, REJOIGNEZ NOTRE CAUSE !
REJOIGNEZ NOS RANGS !!
C'EST EUX, AVEC LEURS IDÉES RÉVOLUTIONNAIRES, QUI NOUS ONT CONVAINCUS DE LES SUIVRE...
ET PUIS, AVEC UN PEU DE CHANCE, IL Y AURA PEUT-ÊTRE UN PEU D'ARGENT À SE FAIRE !
ET VOUS, VOUS FAITES QUOI ICI ? VOUS VOUS ÊTES PERDUS ?!
PAS DU TOUT, NOUS VENONS NOUS BATTRE À VOS CÔTÉS !!
EH BIEN, SI AVEC ÇA, NOUS NE GAGNONS PAS...
ILS DEVRAIENT SE METTRE À L'ABRI, NON ?
AUCUN DANGER, C'EST QUAND ILS NOUS VISENT QU'ON COURT LE MOINS DE RISQUES, HÉ HÉ !!
PAW

HAAAAAA !!
NE VOUS INQUIÉTEZ PAS, C'EST JUSTE UNE ÉGRATIGNURE... J'EN AI VU D'AUTRES !
RAMENEZ-LE CHEZ LUI, ON VA CHERCHER UN AMI MÉDECIN POUR LE SOIGNER !
NON, PAS CHEZ MOI, J'HABITE À BASTILLE... AUTANT DIRE AU CŒUR DE LA POUDRIÈRE !
MOI AMENER GAVROCHE À LA CATHÉDRALE.
SOLDATS PAS OSER RENTRER DANS MAISON DU SEIGNEUR.
ALEXANDRE, VA CHERCHER LE MÉDECIN...
ET REJOINS-NOUS À LA CATHÉDRALE !

JE ME DEMANDAIS, MONSIEUR HUGO... POURQUOI, VOUS QUI ÊTES DU CÔTÉ DU PEUPLE, VOUS VOUS INTÉRESSEZ À NOTRE-DAME, SYMBOLE DE LA ROYAUTÉ ?
C'EST UN PEU PARADOXAL, NON ?
MAIS, MONSIEUR CLOPIN, PARCE QUE C'EST UN DES FLEURONS DU PATRIMOINE FRANÇAIS !
UNE DES PLUS ANCIENNES CATHÉDRALES DE FRANCE AVEC CELLES DE SENS, NOYON, SENLIS ET LAON.
PARLER DE NOTRE-DAME, C'EST RETRACER TOUTE L'HISTOIRE DE FRANCE !
SAVEZ-VOUS, PAR EXEMPLE, QU'ELLE A ÉTÉ CONSTRUITE SUR UNE ANCIENNE ÉGLISE DE CHILDEBERT, UN DES FILS DE CLOVIS ?
ET QU'IL Y AVAIT MÊME, À CET EMPLACEMENT, UN TEMPLE D'APOLLON DATANT DU IVᵉ SIÈCLE ?
LE MÉDECIN EST LÀ, GAVROCHE, TE VOILÀ SAUVÉ !
SAUVÉ DU BLABLA DE MONSIEUR HUGO SURTOUT !!

EN SE RÉVEILLANT, ESMERALDA VIT UNE CHOSE QUI L'EFFRAYA, LA MALHEUREUSE FIGURE DE QUASIMODO.
JAMAIS JE N'AI VU MA LAIDEUR COMME À PRÉSENT.
VOUS ÊTES SI BELLE, VOUS !
QUAND JE ME COMPARE À VOUS, J'AI BIEN PITIÉ DE MOI, PAUVRE MALHEUREUX MONSTRE QUE JE SUIS !
JE DOIS VOUS FAIRE L'EFFET D'UNE BÊTE, DITES.
VOUS, VOUS ÊTES UN RAYON DE SOLEIL, UNE GOUTTE DE ROSÉE, UN CHANT D'OISEAU !
MOI, JE SUIS QUELQUE CHOSE D'AFFREUX, NI HOMME, NI ANIMAL.
UN JE NE SAIS QUOI PLUS DUR, PLUS FOULÉ AUX PIEDS ET PLUS DIFFORME QU'UN CAILLOU !
ELLE L'ÉCOUTAIT AVEC UN ATTENDRISSEMENT PROFOND.

DE NOUVEAU DANS L'APPARTEMENT DE VICTOR HUGO...
EURÈKA, JE LE TIENS !
ENFIN !!!
MAIS QU'EST-CE QUI T'ARRIVE, VICTOR ?! JE T'AI ENTENDU DE LA RUE !
Vins et Chambo
ÇA Y EST, JE TIENS MON ROMAN...
GRÂCE À CETTE RÉVOLUTION QUE NOUS VENONS DE VIVRE !!
ÇA SE PASSERA AU MOYEN ÂGE SOUS LOUIS XI, ROI CENTRALISATEUR ET MACHIAVÉLIQUE...
PETIT CLIN D'ŒIL À CHARLES X ET AU POUVOIR ROYAL ?
OUI, CE SERA UN ROMAN EN PARTIE POLITIQUE !
J'Y ABORDERAI LE SUJET DE L'INJUSTICE QUI TOUCHE LE PEUPLE, DE LA BARBARIE, DE LA PEINE DE MORT...
HUM, CRITIQUE POLITIQUE, ET SOCIALE...
DÉCIDÉMENT, TA FRÉQUENTATION DES BAS-FONDS PARISIENS TE RÉUSSIT, MON CHER VICTOR !
MAIS UNE BONNE IDÉE, ÇA NE FAIT PAS UN BON ROMAN.
QUELLE EN SERA L'INTRIGUE ?

CE SERA L'HISTOIRE D'UN AMOUR IMPOSSIBLE ENTRE QUASIMODO ET LA BELLE ESMERALDA.
QUASIMODO ?! UN HÉROS ?!?
OU UN ANTI-HÉROS, SI TU PRÉFÈRES...
OUI, BIEN LOIN DE MA BEAUTÉ, DE MON INTELLIGENCE, DE MON ESPRIT...
ET DE TA MODESTIE !
ET NOTRE-DAME DANS TOUT ÇA ? N'ÉTAIT-CE PAS TON SUJET PRINCIPAL ?
MAIS OUI, TOUJOURS !
JE VEUX QUE MON ROMAN SOIT UN CRI D'ALARME POUR LA SAUVER DE SON DÉLABREMENT !
ENFIN, SI C'EST UN SUCCÈS...
C'EST SI LOIN D'"HERNANI" !
ÇA LE SERA, MON GÉNIE CROIT EN TON TALENT !
BIEN, ALLONS-Y, VICTOR !
JE TE RAPPELLE QUE NOUS SOMMES ATTENDUS PAR NOS NOUVEAUX AMIS POUR FÊTER LE RENVERSEMENT DE CHARLES X...

PARIS, PLACE DE LA BASTILLE, À L'ÉPOQUE OÙ EXISTAIT ENCORE L'ÉLÉPHANT DE LA BASTILLE CRÉÉ PAR L'ARCHITECTE ALAVOINE*
DIS DONC, C'EST COSSU CHEZ TOI, GAVROCHE !!
C'EST GRATUIT, SURTOUT, HÉ HÉ !
*PROJET NAPOLÉONIEN DONT N'A EXISTÉ QU'UN MODÈLE EN PLÂTRE À L'ÉCHELLE 1 ÉLEVÉ EN 1814 ET DÉTRUIT EN 1846
MES AMIS, JE VOULAIS VOUS REMERCIER... GRÂCE À VOUS, MON ROMAN S'EST ENFIN DÉCOINCÉ.
ET, BONNE NOUVELLE, VOUS Y APPARAÎTREZ TOUS !
ENFIN... À PART TOI, GAVROCHE !
CE QUE TU AS FAIT SUR LA BARRICADE... ÇA M'A INSPIRÉ UNE IDÉE POUR UN FUTUR ROMAN* !
* "LES MISÉRABLES" QUI SERA PUBLIÉ EN 1862
MAIS PROMETS-MOI QUELQUE CHOSE... À LA PROCHAINE INSURRECTION, CAR IL Y EN AURA D'AUTRES, SOIS PLUS PRUDENT.
ON NE FAIT PAS D'OMELETTE SANS CASSER D'ŒUFS...
ALORS, QU'IMPORTE MA COQUILLE, MON CHER VICTOR !
MES AMIS, LEVONS NOS VERRES À NOTRE RÉVOLUTION DE JUILLET, À NOTRE CHANGEMENT DE RÉGIME, À UN MEILLEUR AVENIR POUR TOUS...
... ET À NOTRE-DAME, BIEN SÛR !
QU'ELLE RETROUVE UN JOUR SA SPLENDEUR !!

40 ANS PLUS TARD... ET MÊME LE 6 SEPTEMBRE 1870 POUR ÊTRE TOUT À FAIT PRÉCIS.
QUE S'EST-IL PASSÉ PENDANT CES QUATRE DÉCENNIES ?
VICTOR HUGO EST DEVENU UNE CÉLÉBRITÉ ADULÉE POUR SES ROMANS TRÈS POPULAIRES ET SES IDÉES POLITIQUES.
IDÉES POLITIQUES QUI LUI ONT VALU L'EXIL.
IL QUITTE LA FRANCE APRÈS LE COUP D'ÉTAT DE NAPOLÉON III DU 2 DÉCEMBRE 1851, DONT IL EST UN DES PLUS FERVENTS OPPOSANTS...
... ET NE REVIENT QUE 19 ANS PLUS TARD, AVEC LA TROISIÈME RÉPUBLIQUE !
APRÈS CE LONG EXIL, SON RETOUR EN FRANCE EST TRÈS ATTENDU...
... COMME SI LA LIBERTÉ ELLE-MÊME REVENAIT À TRAVERS LUI.

ET SON ROMAN "NOTRE-DAME DE PARIS" DANS TOUT ÇA ?
DÈS SA PUBLICATION EN 1831, IL RENCONTRE UN IMMENSE SUCCÈS.
EN FRANCE, MAIS AUSSI À L'ÉTRANGER !
COMME L'AVAIT ESPÉRÉ L'ÉCRIVAIN, SON ŒUVRE POUSSE L'ÉTAT À LANCER LA RESTAURATION DE LA CATHÉDRALE.
LASSUS ET VIOLLET-LE-DUC SONT CHOISIS POUR RÉALISER DES TRAVAUX TITANESQUES.
ILS VONT DURER 20 ANS, S'ÉTALANT DE 1845 À 1865 !
MON AMI, JE SUIS SI HEUREUX DE TE REVOIR APRÈS TOUT CE TEMPS... COMMENT VAS-TU ?
SUIS-MOI, VICTOR, JE TE RÉSERVE DE BELLES SURPRISES POUR TON RETOUR EN FRANCE...

LE LENDEMAIN MÊME, À PARIS
MERCI ALEXANDRE, ÇA ME FAIT TELLEMENT PLAISIR DE LA REVOIR.
QUELLE SPLENDEUR !!
TU AS VU, ELLE A BIEN CHANGÉ DEPUIS TON DÉPART.
MAIS, ATTENDS... TU N'ES PAS AU BOUT DE TES SURPRISES...
J'AI SOLLICITÉ MONSIEUR VIOLLET-LE-DUC POUR QU'IL TE PRÉSENTE SON MONUMENTAL TRAVAIL.
MONSIEUR, QUEL HONNEUR, VOUS AVEZ FAIT DES MIRACLES !
LE LIEU S'Y PRÊTAIT, IL FAUT DIRE !
NOUS AVONS TRAVAILLÉ AVEC UNE GRANDE DISCRÉTION POUR QUE NOTRE BELLE DAME RETROUVE SON ÂME DU XIIIE SIÈCLE !
SINON, MA RESTAURATION AURAIT PU ÊTRE PLUS DÉSASTREUSE QUE LES RAVAGES DES SIÈCLES ET LES FUREURS POPULAIRES.
CAR LE TEMPS ET LES RÉVOLUTIONS DÉTRUISENT, MAIS N'AJOUTENT RIEN.
ALORS QU'UNE RESTAURATION, EN AJOUTANT DE NOUVELLES FORMES, AURAIT PU FAIRE DISPARAITRE À TOUT JAMAIS UNE FOULE DE VESTIGES...

C'EST DANS CET ESPRIT QUE J'AI REDESSINÉ, PAR EXEMPLE, LA FLÈCHE, PLUS ÉLANCÉE QUE L'ORIGINALE ...
... QUE J'AI RÉTABLI TOUTES LES STATUES, Y COMPRIS CELLES DE LA GALERIE DES ROIS.
... OU QUE J'AI RECONSTITUÉ LA GRANDE ROSE DU TRANSEPT SUD.
MON SEUL GUIDE A ÉTÉ L'ARCHITECTURE GOTHIQUE, DANS LAQUELLE JE VOIS UN MODÈLE DE VIRTUOSITÉ.
MONSIEUR VIOLLET-LE-DUC, NOUS FEREZ-VOUS L'HONNEUR DE PARTAGER NOTRE TABLE AVEC TOUS NOS AMIS ?
QUELS AMIS ?!
QUASIMODO, ESMERALDA, CLOPIN, GAVROCHE, VOUS TOUS... JE TRINQUE AU PLAISIR DE VOUS REVOIR, QUELLE MERVEILLEUSE SURPRISE !
À VICTOR ET ALEXANDRE... À LEUR TALENT... À LEUR AMITIÉ !!
C'EST AINSI QU'UN LIVRE DE PAPIER, CELUI DE VICTOR HUGO, A EN GRANDE PARTIE PERMIS LA "RÉSURRECTION" DE CE GRAND LIVRE DE PIERRE QU'EST NOTRE-DAME DE PARIS !

Victor Hugo et Notre-Dame

une belle histoire d'amour

« Sans doute, c'est encore aujourd'hui un majestueux et sublime édifice que l'église de Notre-Dame de Paris » écrivait Victor Hugo dans son roman éponyme, *Notre-Dame de Paris*, publié en 1831.

VICTOR HUGO EN 1853

Tout au long de sa vie, l'écrivain nourrit une admiration profonde pour ce monument emblématique du gothique et du patrimoine français. Sa plume incarne cette fascination. À travers ses descriptions minutieuses et poétiques, il met en lumière la grandeur architecturale et l'importance historique de Notre-Dame de Paris.

LA PREMIÈRE ÉDITION DU ROMAN *NOTRE-DAME DE PARIS*, EN 1831.

Dans son roman, Victor Hugo s'indigne des dommages subis par la cathédrale au fil des siècles, que ce soit à cause de la négligence, du vandalisme ou des rénovations malheureuses : « Si belle qu'elle se soit conservée en vieillissant, il est difficile de ne pas soupirer, de ne pas s'indigner devant des dégradations, des mutilations sans nombre que simultanément le temps et les hommes ont fait subir au vénérable monument... »

Comme il l'espérait, son roman suscite une prise de conscience collective quant à l'état de délabrement de nombreux monuments historiques en France, dont Notre-Dame. Son succès mène à sa restauration dans les années 1840, dirigée par l'architecte Eugène Viollet-le-Duc qui partage le même intérêt que Victor Hugo pour la préservation du patrimoine.

Le grand écrivain a-t-il sauvé Notre-Dame ? En partie ! Il lui a aussi apporté une magie supplémentaire en imaginant les personnages de Quasimodo, Esmeralda ou Frollo que l'on s'attend à apercevoir au détour d'un pilier ou d'un escalier… Une raison de plus de redécouvrir ce joyau du gothique à l'heure où il rouvre ses portes après l'incendie qui l'a frappé les 15 et 16 avril 2019.

La construction de Notre-Dame
un sacré chantier !

Commencée sous l'impulsion de l'évêque Maurice de Sully, la construction de la cathédrale Notre-Dame de Paris dure environ 182 ans. La première pierre est posée en 1163 et le chantier s'achève en 1345. Cependant, comme pour beaucoup de grandes cathédrales médiévales, des modifications et des ajouts sont effectués au fil des siècles. Elle est reconnue aujourd'hui comme l'un des joyaux de l'art gothique !

Quand une église en remplace une autre

Au 12e siècle, l'Europe est très chrétienne et connaît une période de prospérité. Pour glorifier Dieu et accueillir les nombreux fidèles, on construit des édifices de plus en plus grands et de plus en plus hauts : les cathédrales gothiques. Dans ce contexte propice, Maurice de Sully décide la destruction de la basilique Saint-Étienne pour faire bâtir à la place une cathédrale dédiée à la Vierge Marie. Le projet est soutenu par le roi Louis VII qui voit dans cette entreprise un moyen de renforcer son autorité et d'affirmer la grandeur de la France.

LA CATHÉDRALE AVANT L'INCENDIE
NOTRE-DAME DE PARIS EST SITUÉE EN PLEIN CŒUR DE LA CAPITALE, SUR L'ÎLE DE LA CITÉ, LE LONG DE LA SEINE. LE CHEVET EST TOURNÉ VERS L'EST, LÀ OÙ LE SOLEIL SE LÈVE.

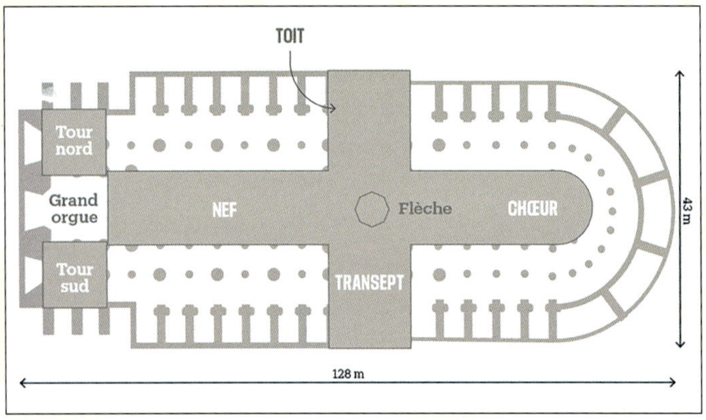

UN PLAN EN CROIX LATINE
LA NEF, ORIENTÉE EST-OUEST, ET LE TRANSEPT, ORIENTÉ NORD-SUD, DESSINENT UNE CROIX LATINE.

Une construction par étapes

La première pierre est posée en 1163 en présence du pape Alexandre III. Le chœur et l'abside sont les premiers achevés en 1182, année où le maître-autel est consacré. La construction de la nef, avec ses grandes voûtes et ses bas-côtés, se termine en 1190. Jusqu'en 1225, c'est au tour du transept, des chapelles latérales et de la première tour de la façade ouest. 1250 voit l'achèvement de la deuxième tour et des façades, y compris les portails ornés de sculptures. De 1250 à 1345, divers modifications et ajouts sont réalisés, notamment les arcs-boutants et les rosaces.

LES INNOVATIONS DU GOTHIQUE
À L'INTÉRIEUR, ARCS BRISÉS ET VOÛTES SUR CROISÉE D'OGIVES ONT PERMIS À LA CATHÉDRALE DE S'ÉLEVER PLUS HAUT QUE LES ÉGLISES PRÉCÉDENTES.

Le saviez-vous ?
Une cathédrale est une église où siège l'évêque, un haut dignitaire de l'Église catholique. Le nom cathédrale vient de « cathèdre », la grande chaise sur laquelle l'évêque s'assoit.

Au sommet de l'innovation

À son époque, cette cathédrale représente une véritable prouesse architecturale, appliquant les nombreuses innovations techniques nées du gothique. On peut citer : les arcs brisés permettant de construire des édifices plus hauts et élancés ; les voûtes sur croisée d'ogives permettant de grandes ouvertures pour les vitraux ; les arcs-boutants permettant de contrebalancer la poussée des voûtes de la nef et de construire des murs plus fins et ornementés. De même, les rosaces, notamment celle de la façade ouest, surprennent par leur taille et le raffinement de leurs vitraux.

L'œuvre de nombreux architectes et artisans

Notre-Dame n'est pas l'œuvre d'un seul homme, mais de générations d'architectes et d'artisans. De véritables artistes en leur temps ! Certaines figures ont marqué son histoire, dont Jean de Chelles, qui a travaillé sur la façade ouest et le transept nord, ou Pierre de Montreuil, qui a continué les travaux sur le transept sud et est souvent crédité de la conception des roses du transept. Maçons, tailleurs de pierre, sculpteurs, charpentiers, verriers, etc. : de nombreuses corporations ont également contribué à la splendeur de Notre-Dame. La formation de ces ouvriers très spécialisés s'effectuait à travers le compagnonnage, système de transmission des connaissances par leur corporation.

Deux caractéristiques du gothique

La voûte sur croisée d'ogives...
Elle permet de construire des édifices plus hauts. Les ogives sont des arcs qui se croisent : ils répartissent la poussée de la voûte sur les piliers.

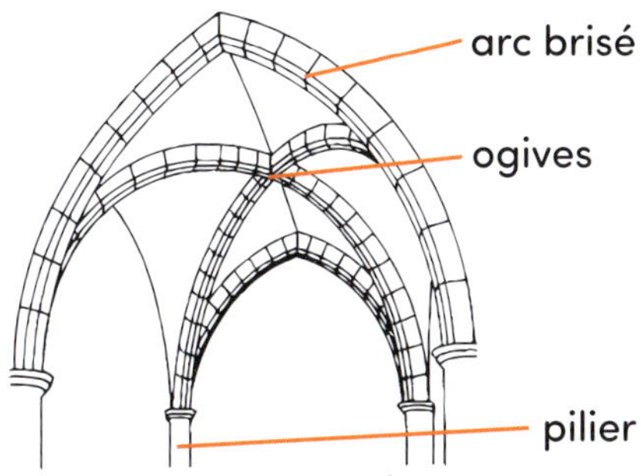

... et les arcs-boutants
À l'extérieur de la cathédrale, ils contre-butent la poussée des voûtes. Il y en a 28 à Notre-Dame, que l'on voit bien sur la photo page 48.

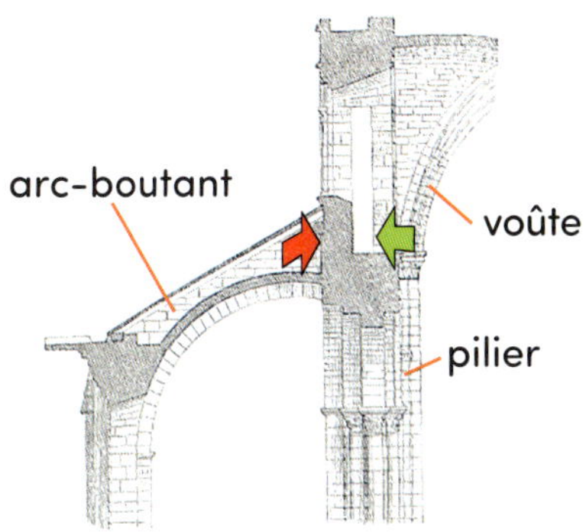

Que visiter en priorité ?
Suivez le guide !

Plus vaste édifice religieux construit en Europe au 12e siècle, Notre-Dame a une superficie de 6 000 m², ses tours s'élèvent à 69 mètres de hauteur et sa flèche à 96 mètres. Inscrit par l'Unesco au patrimoine mondial de l'humanité, c'est le monument le plus visité de France, loin devant le Louvre ou la tour Eiffel ! Oui mais, voilà, c'est un édifice immense… Alors, que visiter en priorité ? Suivez le guide !

© Adobestock

UNE FAÇADE IMPOSANTE
UNE GRANDE ROSE, DEUX HAUTES TOURS CARRÉES, TROIS PORTAILS, DE NOMBREUSES SCULPTURES : LA FAÇADE OCCIDENTALE DE NOTRE-DAME EST RECONNAISSABLE ENTRE MILLE.

La façade occidentale

Admirez son harmonie visuelle, jouant sur les lignes verticales et horizontales, qui fascinait même le grand architecte Le Corbusier ! Façade principale de la cathédrale, elle est célèbre pour ses trois portails majestueux, ornés de sculptures détaillées représentant des scènes bibliques. Le portail central est dédié au Jugement dernier, tandis que les portails de gauche et de droite honorent respectivement la Vierge Marie et sainte Anne. Au-dessus, la galerie des rois expose ses vingt-huit sculptures de rois bibliques, ancêtres du Christ. Ces représentations permettaient aux fidèles qui ne savaient pas lire la Bible de la comprendre par les images.

© Adobestock

VUE IMPRENABLE SUR PARIS… ET LES CHIMÈRES !
VOICI LA RÉCOMPENSE QUI ATTEND CEUX QUI GRAVISSENT LES ESCALIERS DES TOURS JUSQU'À LA TERRASSE, CÔTÉ ENTRÉE !

Les tours de Notre-Dame

Vous avez de bonnes baskets ? Vous êtes prêts pour l'ascension des 422 marches des tours ! Là-haut, une très belle surprise vous attend : une vue panoramique imprenable sur Paris et ses environs. Vous pourrez également admirer les cloches de ce monument, dont une célébrité, Emmanuel, le plus gros bourdon (cloche au son grave) de la cathédrale, pesant 13 tonnes et installé depuis 1686. En 2013, pour le 850e anniversaire de Notre-Dame, huit nouvelles cloches et un bourdon ont été installés.

C'est quoi, cette rose des vents ?

Regardez bien sur le parvis, à une cinquantaine de mètres devant l'entrée de la cathédrale Notre-Dame de Paris : il y a une étrange rose des vents dans le dallage. C'est tout simplement une borne routière ! Elle marque le point zéro des routes de France, c'est-à-dire le point kilométrique 0 des routes quittant la capitale. Elle sert à calculer les distances avec les autres villes de France. Adoptée comme point zéro sous Louis XV en 1769, la plaque actuelle a été posée en 1924.

Des rosaces parmi les plus grandes au monde

Plus de 120 verrières datant du 12e au 20e siècle inondent la cathédrale d'une lumière colorée propre au gothique. Les seuls vitraux médiévaux toujours en place sont ceux des trois rosaces ouest, nord et sud, datant du 12e siècle. Miraculeusement épargnées par l'incendie de 2019, elles sont parmi les plus beaux exemples de l'art gothique et parmi les plus grandes d'Europe. Si la rosace de la façade ouest, celle de l'entrée, ne mesure que 9,70 m de diamètre, celles du nord et du sud sont bien plus imposantes encore : 13,10 m ! Les scènes représentées sur ces vitraux sont de véritables merveilles.

VOYAGE DANS L'HISTOIRE DE PARIS
C'EST CE QUE PROPOSE LA CRYPTE ARCHÉOLOGIQUE, DONT L'ENTRÉE SE TROUVE SUR LE PARVIS DE LA CATHÉDRALE.

Faites un saut dans le passé !

Située sous le parvis de Notre-Dame, la crypte archéologique offre un panorama unique de l'évolution urbaine et architecturale de Paris, de l'Antiquité au Moyen Âge. Le site présente notamment des vestiges découverts lors des fouilles réalisées dans les années 1960-1970. On peut y voir, par exemple, un mur du quai du port antique de Lutèce, le système de chauffage par hypocauste d'un établissement de bains publics gallo-romain ou même les fondations de l'hospice des Enfants-Trouvés datant du 18e siècle. N'hésitez pas à vous offrir ce voyage dans le temps !

LA ROSACE DU TRANSEPT NORD
POUR LES HOMMES DU MOYEN ÂGE, LA FORME RONDE DES ROSACES, ÉGALEMENT APPELÉES ROSES, DIVISÉE EN COMPARTIMENTS COMME DES PÉTALES, ÉVOQUAIT LES FLEURS DU PARADIS.

Victor Hugo
un lanceur d'alerte avant l'heure

La publication de *Notre-Dame de Paris* a un double effet immédiat. En premier lieu, elle apporte à Victor Hugo une vraie célébrité populaire, lui qui est encore un jeune écrivain. Parallèlement, elle ouvre aussi les yeux du public sur l'état de délabrement avancé de la cathédrale qui est à deux doigts de la démolition. Ce roman marque donc à la fois la naissance d'un auteur de romans à succès et la renaissance de cet édifice emblématique de l'art gothique.

Un écrivain déjà reconnu

Avant *Notre-Dame de Paris*, le talent précoce de Victor Hugo est déjà remarqué, avec ses recueils de poésie comme *Les Orientales*, sa retentissante pièce *Hernani* ou son premier roman, *Han d'Islande*. Avec Alfred de Musset, Alphonse de Lamartine ou Charles Augustin Sainte-Beuve, il est une figure de proue du romantisme, mouvement littéraire qui cherche à exprimer émotions et sentiments, au contraire du classicisme. À 29 ans, il publie *Notre-Dame de Paris* qui devient aussitôt un immense succès populaire. Sa renommée s'amplifiera au fil de ses œuvres et de ses engagements politiques.

DES ILLUSTRATIONS PAR CENTAINES
De nombreuses éditions illustrées de *Notre-Dame de Paris* paraissent au 19e siècle. La cathédrale est le décor de scènes comme *Frollo précipité par Quasimodo* (vers 1844).

Victor Hugo menacé de procès !

En 1828, l'écrivain signe un contrat avec l'éditeur Gosselin pour écrire un roman historique. Le sujet qu'il choisit est Notre-Dame de Paris, un monument qui le fascine. Mais, en 1830, son roman n'a toujours pas avancé, l'auteur ne sachant pas comment aborder son sujet et se laissant distraire par d'autres projets… Menacé de procès par son éditeur, il doit se résoudre à l'écrire, coûte que coûte. Il s'enferme donc dans sa chambre, s'habillant même d'une simple robe de chambre pour ne pas être tenté de sortir ! Après une période de travail harassante, son roman sort finalement en janvier 1831. Contrat largement rempli !

EN PLEINE RESTAURATION
CETTE PHOTO PRISE EN 1847 MONTRE LES TRAVAUX EN COURS POUR SAUVER NOTRE-DAME DE L'ABANDON.

UNE SOURCE D'INSPIRATION
LE ROMAN ET SES PERSONNAGES INSPIRENT AUSSI LES PEINTRES, COMME EUGÉNIE HENRY AVEC *QUASIMODO SAUVANT LA ESMERALDA DES MAINS DE SES BOURREAUX*, DÈS 1832.

Du roman à la prise de conscience

L'histoire de Quasimodo, le sonneur de cloches difforme, et d'Esmeralda, la belle bohémienne, touche les lecteurs et met en lumière la splendeur et l'importance historique de Notre-Dame. La volonté de Victor Hugo de faire de la cathédrale un personnage à part entière de son roman a eu l'effet escompté, et même au-delà ! Son succès entraîne une réelle prise de conscience non seulement de la part du public, mais aussi, plus important encore, de la part des autorités compétentes.

SOS Patrimoine !

À côté de Prosper Mérimée et d'autres, Hugo s'affiche comme un véritable défenseur de cette « vieille France » qu'on laisse démolir. En matière de sauvegarde du patrimoine, il n'a pas seulement un esprit visionnaire, il sait aussi trouver les mots qui font mouche : « Il y a deux choses dans un édifice : son usage et sa beauté. Son usage appartient au propriétaire, sa beauté à tout le monde, à vous, à moi, à nous tous. Donc, le détruire c'est dépasser son droit. » Grâce à son action militante, il participe avec succès à l'éveil de la conscience patrimoniale en France.

La restauration de Notre-Dame décrétée

En 1842, une pétition en faveur de la cathédrale, soulignant « son extrême dénuement », est lancée. La jeune Commission des Monuments Historiques créée en 1837 dénonce la même année « son déplorable état d'abandon ». En 1844, un ambitieux projet de restauration de Notre-Dame est lancé par le gouvernement français, soutenu par le roi Louis-Philippe lui-même. La cathédrale gothique est sauvée ! Quasimodo peut exulter…

Viollet-le-Duc
et la renaissance de Notre-Dame

L'heure est grave ! Suite aux multiples dégradations dues aux différentes révolutions, à l'absence d'entretien régulier et aux interventions inappropriées, la cathédrale a besoin en urgence d'une opération de sauvetage de grande ampleur. Grâce au talent des deux architectes lauréats du concours, Notre-Dame de Paris est non seulement sauvée, mais elle va devenir, selon les mots de Viollet-le-Duc, « une gigantesque fleur de pierre parvenue à maturité », la cathédrale idéale du 13e siècle !

Une œuvre d'art total

En 1844, l'architecte Eugène Viollet-le-Duc, en collaboration avec Jean-Baptiste Lassus, remporte le chantier de la cathédrale. Même s'il n'a pas encore travaillé sur le château de Pierrefonds ou la cité de Carcassonne, Viollet-le-Duc est déjà reconnu pour ses compétences en matière de restauration architecturale, notamment grâce à ses travaux sur la basilique Sainte-Marie-Madeleine de Vézelay qui semblait condamnée à la démolition. Les deux architectes ne veulent pas seulement réparer l'édifice avec « une religieuse discrétion », ils veulent faire de cette cathédrale une « œuvre d'art total » incluant mobilier, orfèvrerie, vitraux, sculptures, etc. Après la mort de Lassus en 1857, Viollet-le-Duc prend seul les rênes de cette restauration qui va durer vingt ans !

© Akg-images / G. Mermet

LA FLÈCHE EN PROJET…
CES DESSINS DE VIOLLET-LE-DUC MONTRENT SES RECHERCHES POUR LA RÉALISATION DE LA FLÈCHE EN PLOMB SURMONTANT LA CROISÉE DU TRANSEPT.

© Akg-images / G. Mermet

LE ROI DES ARCHITECTES RESTAURATEURS
L'ACTION D'EUGÈNE VIOLLET-LE-DUC POUR LE PATRIMOINE FRANÇAIS A ÉTÉ DÉCISIVE. IL A PERMIS DE SAUVER DE NOMBREUX ÉDIFICES, MÊME S'IL LUI EST PARFOIS REPROCHÉ D'ÊTRE ALLÉ TROP LOIN DANS LA RECRÉATION DES ÉLÉMENTS D'ARCHITECTURE ET DES DÉCORS.

Viollet-le-Duc, sur tous les fronts

Travailleur insatiable, l'architecte est omniprésent sur le chantier, comme l'atteste son journal des travaux, installant même son bureau dans la tour sud de la façade de la cathédrale pour être au plus près des travaux et disponible à tout moment. Viollet-le-Duc n'hésite pas à descendre auprès des ouvriers et des artisans pour leur donner un coup de main : il dessine des échafaudages, tâche normalement réservée aux charpentiers, il vérifie la préparation des mortiers et n'hésite pas à fignoler un enduit. D'ailleurs, il se représente sur une sculpture sous les traits de saint Thomas, patron des architectes… et des maçons !

Une restauration titanesque

Les contributions de Viollet-le-Duc sont très nombreuses et significatives. Entre autres, il imagine une nouvelle flèche, culminant à 96 mètres de hauteur, la précédente ayant été démantelée au 18e siècle. Il conçoit une nouvelle sacristie, chef-d'œuvre d'architecture et d'ornement. Il restaure de nombreuses sculptures, des décors sculptés et peints ainsi que des vitraux endommagés. Il remet également en état les arcs-boutants et renforce la structure globale de la cathédrale, en respectant l'architecture gothique d'origine. Comme il le résume dans son « dictionnaire raisonné » : « Restaurer un édifice, ce n'est pas l'entretenir, le réparer ou le refaire, c'est le rétablir dans un état complet qui peut n'avoir jamais existé à un moment donné. »

… ET LE RÉSULTAT
VOICI LA FLÈCHE CONÇUE PAR VIOLLET-LE-DUC ; DÉTRUITE PAR L'INCENDIE DE 2019, ELLE A ÉTÉ RESTAURÉE À L'IDENTIQUE.

L'incendie de 2019, un nouveau coup dur !

Les 15 et 16 avril 2019, un terrible incendie dévaste Notre-Dame de Paris, détruisant intégralement sa flèche, les toitures de la nef et du transept ainsi que sa charpente. Sans parler des dégâts causés par la chute de la flèche… Mais la cathédrale est une fois encore sauvée, grâce à l'intervention de centaines de pompiers et l'afflux de nombreux dons de la part non seulement de donateurs fortunés, mais aussi de nombreux particuliers émus par ce tragique événement. Après seulement cinq années de travaux intenses et une reconstruction pointilleuse, la réouverture au public de Notre-Dame de Paris a lieu le 8 décembre 2024. Un vrai miracle en si peu de temps !

© Adobestock

La stryge, chimère médiévale du… 19e siècle !

Dominant Paris, elle est située sur la balustrade de la galerie des chimères, au niveau de la façade occidentale de Notre-Dame. Aussi connue sous le nom du « Penseur », en raison de sa posture méditative, ou du « Démon de Notre-Dame », elle est devenue une véritable icône de l'édifice. Pourtant, elle ne date pas du Moyen Âge : c'est bel et bien Eugène Viollet-le-Duc qui la conçoit lors de sa restauration. Inspirée par l'imaginaire médiéval, cette créature fantastique témoigne du génie créatif de l'architecte et de sa parfaite assimilation de l'art et du style gothiques.

LE PENSEUR DE NOTRE-DAME
RÉALISÉES AU 19E SIÈCLE, CETTE CHIMÈRE ET LES AUTRES SCULPTURES DE LA BALUSTRADE IMITENT DES GARGOUILLES DU MOYEN ÂGE, MAIS CE N'EN SONT PAS, CAR ELLES NE SERVENT PAS À L'ÉCOULEMENT DES EAUX DE PLUIE.